CARTA ENCÍCLICA

PACEM IN TERRIS

6ª edição – 2004
5ª reimpressão – 2021

Nenhuma parte desta obra poderá ser reproduzida ou transmitida por qualquer forma e/ou quaisquer meios (eletrônico ou mecânico, incluindo fotocópia e gravação) ou arquivada em qualquer sistema ou banco de dados sem permissão escrita da Editora. Direitos reservados.

Paulinas
Rua Dona Inácia Uchoa, 62
04110-020 – São Paulo – SP (Brasil)
Tel.: (11) 2125-3500
http://www.paulinas.com.br – editora@paulinas.com.br
Telemarketing e SAC: 0800-7010081

© Pia Sociedade Filhas de São Paulo – São Paulo, 1963

Aos Veneráveis Irmãos Patriarcas, Primazes, Arcebispos e Bispos e outros Ordinários de Lugar em paz e comunhão com a Sé Apostólica, ao Clero e Fiéis de todo o Orbe, bem como a todas as pessoas de boa vontade: Sobre a paz de todos os povos na base da Verdade, Justiça, Caridade e Liberdade.

O PAPA JOÃO XXIII

Veneráveis Irmãos e diletos Filhos, Saúde e Bênção Apostólica.

INTRODUÇÃO

Ordem no universo

A Paz na Terra, anseio profundo de todos os homens de todos os tempos, não se pode estabelecer nem consolidar senão no pleno respeito da ordem instituída por Deus.

O progresso da ciência e as invenções da técnica evidenciam que reina uma ordem maravilhosa nos seres vivos e nas forças da natureza. Testemunham além disso a dignidade do homem capaz de desvendar essa ordem e de produzir os meios adequados para dominar essas forças, canalizando-as em seu proveito.

Mas o avanço da ciência e as invenções da técnica demonstram, antes de tudo, a infinita grandeza de Deus, Criador do universo e do homem. Foi ele quem tirou do nada o universo, infundindo-lhe os tesouros de sua sabedoria e bondade. Por isso, o salmista enaltece a Deus com estas palavras: *Senhor, Senhor, quão admirável é o teu nome em toda a terra.*[1] *Quão numerosas são as tuas obras, Senhor! Fizeste com sabedoria todas as coisas.*[2] Foi igualmente Deus quem criou o homem *à sua imagem e semelhança,*[3] dotado de inteligência e liberdade, e o constituiu senhor do universo, como exclama ainda o Salmista: *Tu o fizeste pouco inferior aos anjos e o coroaste de glória e honra; deste-lhe o domínio sobre as obras das tuas mãos, colocaste todas as coisas sob os seus pés.*[4]

Ordem nos seres humanos

Contrasta clamorosamente com essa perfeita ordem universal a desordem que reina entre indivíduos e povos, como se as suas mútuas relações não pudessem ser reguladas senão pela força.

1. Sl 8,1.
2. Sl 103,24.
3. Cf. Gn 1,26.
4. Sl 8,5-6.

No entanto, imprimiu o Criador do Universo no íntimo do ser humano uma ordem, que a consciência deste manifesta e obriga terminantemente a observar: *mostram escritos em seus corações os mandamentos da lei, segundo o testemunho da sua própria consciência.*[5] E como poderia ser de outro modo? Pois toda obra de Deus é um reflexo de sua infinita sabedoria, reflexo tanto mais luminoso, quanto mais participe essa obra da perfeição do ser.[6]

Uma concepção tão freqüente quanto errônea leva muitos a julgar que as relações de convivência entre os indivíduos e sua respectiva comunidade política possam reger-se pelas mesmas leis que as forças e os elementos irracionais do universo. Mas a verdade é que, sendo leis de gênero diferente, devem-se buscar apenas onde as inscreveu o Criador de todas as coisas, a saber, na natureza humana.

São de fato essas leis que indicam claramente como regular na convivência humana as relações das pessoas entre si, as dos cidadãos com as respectivas autoridades públicas, as relações entre os diversos Estados, bem como as dos indivíduos e comunidades políticas como a comunidade mundial, cuja criação é hoje urgentemente postulada pelo bem comum universal.

5. Rm 2,15.
6. Cf. Sl 18,8-11.

1ª PARTE

ORDEM ENTRE OS SERES HUMANOS

**Todo ser humano é pessoa,
sujeito de direitos e deveres**

E, antes de mais nada, é necessário tratar da ordem que deve vigorar entre os homens.

Em uma convivência humana bem constituída e eficiente, é fundamental o princípio de que cada ser humano é pessoa; isto é, natureza dotada de inteligência e vontade livre. Por essa razão, possui em si mesmo direitos e deveres, que emanam direta e simultaneamente de sua própria natureza. Trata-se, por conseguinte, de direitos e deveres universais, invioláveis, e inalienáveis.[7]

7. Cf. Pii XII *Nuntius radiophonicus*, datus prid. Nativ. D. N. I. C. anno 1942, *AAS, XXXV*, 1943, pp. 9-24; et Ioannis XXIII *Sermo*, habitus die 4 mensis Ianuarii anno 1963, *AAS, LV*, 1963, pp. 89-91.

E se contemplarmos a dignidade da pessoa humana à luz das verdades reveladas, não poderemos deixar de tê-la em estima incomparavelmente maior. Trata-se, com efeito, de pessoas remidas pelo Sangue de Cristo, as quais com a graça se tornaram filhos e amigos de Deus, herdeiros da glória eterna.

DIREITOS

Direito à existência e a um digno padrão de vida

E, ao nos dispormos a tratar dos direitos do homem, advertimos, de início, que o ser humano tem direito à existência, à integridade física, aos recursos correspondentes a um digno padrão de vida: tais são especialmente o alimento, o vestuário, a moradia, o repouso, a assitência sanitária, os serviços sociais indispensáveis. Segue-se daí que a pessoa tem também o direito de ser amparada em caso de doença, de invalidez, de viuvez, de velhice, de desemprego forçado, e em qualquer outro caso de privação dos meios de sustento por circunstâncias independentes de sua vontade.[8]

---

8. Cf. Pii XI Litt. Encycl. *Divini Redemptoris, AAS, XXIX,* 1937, p. 78; et Pii XII *Nuntius radiophonicus,* datus in festo Pentecostes, die 1 mensis Iunii anno 1941, *AAS, XXXIII,* 1941, pp. 195-205.

Direitos que se referem
aos valores morais e culturais

Todo ser humano tem direito natural ao respeito de sua dignidade e à boa fama; direito à liberdade na pesquisa da verdade e, dentro dos limites da ordem moral e do bem comum, à liberdade na manifestação e difusão do pensamento, bem como no cultivo da arte. Tem direito também à informação verídica sobre os acontecimentos públicos.

Deriva também da natureza humana o direito de participar dos bens da cultura e, portanto, o direito a uma instrução de base e a uma formação técnica e profissional, conforme o grau de desenvolvimento cultural da respectiva coletividade. É preciso esforçar-se por garantir àqueles, cuja capacidade o permita, o acesso aos estudos superiores, de sorte que, na medida do possível, subam na vida social a cargos e responsabilidades adequados ao próprio talento e à perícia adquirida.[9]

Direito de honrar a Deus
segundo os ditames da reta consciência

Pertence igualmente aos direitos da pessoa a liberdade de prestar culto a Deus de acordo com os

9. Cf. Pii XII *Nuntius radiophonicus,* datus prid. Nativ. D. N. I. C. anno 1942, *AAS, XXXV*, 1943, pp. 9-24.

retos ditames da própria consciência, e de professar a religião, privada e publicamente. Com efeito — claramente ensina Lactâncio — *fomos criados com a finalidade de prestarmos justas e devidas honras a Deus, que nos criou; de só a ele conhecermos e seguirmos. Por este vínculo de piedade nos unimos e ligamos a Deus, donde deriva o próprio nome de religião.*[10] Sobre o mesmo assunto nosso predecessor de imortal memória, Leão XIII, assim se expressa: *Esta verdadeira e digna liberdade dos filhos de Deus que mantém alta a dignidade da pessoa humana é superior a toda violência e injúria, e sempre fez parte dos mais ardentes desejos da Igreja. Foi esta que constantemente reivindicaram os apóstolos, sancionaram nos seus escritos os apologetas, consagraram pelo próprio sangue um sem-número de mártires.*[11]

Direito à liberdade na escolha do próprio estado de vida

É direito da pessoa escolher o estado de vida, de acordo com suas preferências; e, portanto, de constituir família, na base da paridade de direitos e deve-

10. *Divinae Institutiones,* lib. IV, c. 28, 2; PL. 6, 535.
11. Litt. Encycl. *Libertas praestantissimum, Acta Leonis XIII,* VIII, 1888, pp. 237-238.

res entre homem e mulher; ou então, de seguir a vocação ao sacerdócio ou à vida religiosa.[12]

A família, baseada no matrimônio livremente contraído, unitário e indissolúvel, há de ser considerada como o núcleo fundamental e natural da sociedade humana. Merece, pois, especiais medidas, tanto de natureza econômica e social, como cultural e moral, que contribuam para consolidá-la e ampará-la no desempenho de sua função.

Aos pais, portanto, compete a prioridade de direito em questão de sustento e educação dos próprios filhos.[13]

Direitos inerentes ao campo econômico

No que diz respeito às atividades econômicas, é claro que, por exigência natural, cabe à pessoa não só a liberdade de iniciativa, senão também o direito ao trabalho.[14]

Semelhantes direitos comportam certamente a exigência de poder a pessoa trabalhar em condições

12. Cf Pii XII *Nuntius radiophonicus,* datus prid. Nativ. D. N. I. C. anno 1942, *AAS, XXXV,* 1943, pp. 9-24.

13. Cf. Pii XI Litt. Encycl. *Casti Conubii, AAS, XXII,* 1930, pp. 539-592; et Pii XII *Nuntius radiophonicus,* datus prid. Nativ. D. N. I. C. anno 1942, *AAS, XXXV,* 1943, pp. 9-24.

14. Cf. Pii XII *Nuntius radiophonicus,* datus in festo Pentecostes, die 1 mensis Iunii anno 1941, *AAS, XXXIII,* 1941, p. 201.

tais que não se lhe minem as forças físicas nem se lese a sua integridade moral, e também não se comprometa o sadio desenvolvimento do ser humano ainda em formação. Quanto às mulheres, seja-lhes facultado trabalhar em condições adequadas às suas necessidades e deveres de esposas e mães.[15]

Da dignidade da pessoa humana deriva também o direito de exercer atividade econômica com senso de responsabilidade.[16] Ademais, não podemos passar em silêncio o direito à remuneração do trabalho conforme os preceitos da justiça; remuneração que, em proporção dos recursos disponíveis, permita ao trabalhador e a sua família um teor de vida condizente com a dignidade humana. A esse respeito nosso predecessor de feliz memória, Pio XII, afirma: *Ao dever pessoal de trabalhar, inerente à natureza, corresponde um direito igualmente natural, o de poder o homem exigir que das tarefas realizadas lhe provenham, para si e seus filhos, os bens indispensáveis à vida: tão categoricamente impõe a natureza a conservação do homem.*[17]

Da natureza humana origina-se ainda o direito à propriedade privada, mesmo sobre os bens de pro-

15. Cf. Leonis XIII Litt. Encycl. *Rerum Novarum, Acta Leonis XIII,* XI, 1891, pp. 128-129.

16. Cf. Ioannis XXIII Litt. Encycl. *Mater et Magistra, AAS,* LIII, 1961, p. 422.

17. Cf. *Nuntius radiophonicus,* datus in festo Pentecostes, die 1 mensis Iunii anno 1941, *AAS,* XXXIII, 1941, p. 201.

dução. Como afirmamos em outra ocasião, esse direito *constitui um meio apropriado para a afirmação da dignidade da pessoa humana e para o exercício da responsabilidade em todos os campos; e é fator de serena estabilidade para a família, como de paz e prosperidade social.*[18]

Cumpre, aliás, recordar que ao direito de propriedade privada é inerente uma função social.[19]

Direito de reunião e associação

Da sociabilidade natural da pessoa humana provém o direito de reunião e de associação; bem como o de conferir às associações a forma que a seus membros parecer mais conforme à finalidade que se propõem, e de agir dentro delas por conta própria e risco, conduzindo-as aos objetivos desejados.[20]

Como tanto recomendamos na Encíclica *Mater et Magistra,* é sumanente indispensável que se constitua uma vasta rede de agremiações ou organismos

18. Litt. Encycl. *Mater et Magistra, AAS,* LIII, 1961, p. 428.

19. Cf. *ibid.,* p. 430.

20. Cf. Leonis XIII Litt. Encycl. *Rerum Novarum, Acta Leonis XIII,* XI, 1891, pp. 134-142; Pii XI Litt. Encycl. *Quadragesimo Anno, AAS,* XXIII, 1931, pp. 199-200; et Pii XII Epist. Encycl. *Sertum laetitiae, AAS,* XXXI, 1939, pp. 635-644.

intermediários, adequados a objetivos que os indivíduos por si sós não possam eficazmente conseguir. Tais agremiações e organismos são elementos absolutamente indispensáveis para salvaguardar a dignidade e a liberdade da pessoa humana, sem lhe comprometer o sentido de responsabilidade.[21]

Direito de emigração e de imigração

Deve-se também deixar a cada um o plerío direito de estabelecer ou mudar domicílio dentro da comunidade política de que é cidadão; e mesmo, quando legítimos interesses o aconselhem, deve ser-lhe permitido transferir-se a outras comunidades políticas e nelas domiciliar-se.[22] Pelo fato de alguém ser cidadão de um determinado país, não se lhe tolhe o direito de ser membro da família humana, ou cidadão da comunidade mundial, que consiste na união de todos os seres humanos entre si.

Direitos de caráter político

Convém ainda à dignidade da pessoa o direito de participar ativamente da vida pública, e de trazer

21. Cf. *AAS*, LIII, 1961, p. 430.
22. Cf. Pii XII *Nuntius radiophonicus,* datus prid. Nativ. D. N. I. C. anno 1952, *AAS*, XLV, 1953, pp. 33-46.

assim a sua contribuição pessoal ao bem comum dos concidadãos. São palavras de nosso predecessor de feliz memória, Pio XII: *A pessoa humana como tal não só não pode ser considerada mero objeto ou elemento passivo da vida social, mas, muito pelo contrário, deve ser tida como o sujeito, o fundamento, e o fim da mesma.*[23]

Compete igualmente à pessoa humana a legítima tutela dos seus direitos: tutela eficaz, imparcial, dentro das normas objetivas da justiça. Assim Pio XII, nosso predecessor de feliz memória, adverte com estas palavras: *Da ordem jurídica querida por Deus emana o direito inalienável do homem à segurança jurídica e a uma esfera jurisdicional bem determinada, ao abrigo de toda e qualquer impugnação arbitrária.*[24]

DEVERES

Indissolúvel relação entre direitos e deveres na mesma pessoa

Aos direitos naturais acima considerados vinculam-se, no mesmo sujeito jurídico que é a pessoa

23. Cf. *Nuntius radiophonicus,* datus prid. Nativ. D. N. I. C. anno 1944, *AAS,* XXXVII, 1945, p. 12.

24. Cf. *Nuntius radiophonicus,* datus prid. Nativ. D. N. I. C. anno 1942, *AAS,* XXXV, p. 21.

humana, os respectivos deveres. Direitos e deveres encontram na lei natural que os outorga ou impõe, o seu manancial, a sua consistência, a sua força inquebrantável.

Assim, por exemplo, o direito à existência liga-se ao dever de conservar-se em vida; o direito a um condigno teor da vida, à obrigação de viver dignamente; o direito de investigar livremente a verdade, ao dever de buscar um conhecimento da verdade cada vez mais vasto e profundo.

Reciprocidade de direitos e deveres entre pessoas diversas

Estabelecido este princípio, deve-se concluir que, no relaciomento humano, a determinado direito natural de uma pessoa corresponde o dever de reconhecimento e respeito desse direito por parte dos demais. É que todo direito fundamental do homem encontra sua força e autoridade na lei natural, a qual, ao mesmo tempo que o confere, impõe também algum dever correspondente. Por conseguinte, os que reivindicam os próprios direitos, mas se esquecem por completo de seus deveres ou lhes dão menor atenção, assemelham-se a quem constrói um edifício com uma das mãos e, com a outra, o destrói.

Na colaboração mútua

Sendo os homens sociais por natureza, é preciso que convivam uns com os outros e promovam o bem mútuo. Por esta razão, é exigência de uma sociedade humana bem constituída que mutuamente sejam reconhecidos e cumpridos os respectivos direitos e deveres. Segue-se, igualmente, que todos devem prestar sua generosa contribuição para a construção de uma sociedade na qual direitos e deveres se exerçam com perspicácia e eficiência cadá vez maiores.

Não bastará, por exemplo, reconhecer o direito da pessoa aos bens indispensáveis à sua subsistência, se não envidarmos todos os esforços para que cada um disponha desses meios em quantidade suficiente.

Além de bem organizada, há de ser vantajosa para seus membros a convivência humana. Requerse, pois, que estes não só reconheçam e cumpram direitos e deveres recíprocos, mas todos colaborem também nos múltiplos empreendimentos que a civilização contemporânea permite, sugere, ou reclama.

Senso de responsabilidade

Exige ademais a dignidade da pessoa humana um agir responsável e livre. Importa, pois, para o relacionamento social que o exercício dos próprios direitos, o cumprimento dos próprios deveres e a realização dessa múltipla colaboração derivem sobretudo de decisões pessoais, fruto da própria convicção, da própria iniciativa, do próprio senso de responsabilidade, mais que por coação, pressão, ou qualquer forma de imposição externa. Uma convivência baseada unicamente em relações de força nada tem de humano: nela vêem as pessoas reprimida a própria liberdade, quando, pelo contrário, deveriam ser postas em condição tal que se sentissem estimuladas a solicitar o próprio desenvolvimento e aperfeiçoamento.

Convivência fundada sobre a verdade, a justiça, o amor, a liberdade

A convivência entre os seres humanos só poderá, pois, ser considerada bem constituída, fecunda e conforme à dignidade humana, quando fundada sobre a verdade, como adverte o Apóstolo: *Renunciai à mentira e falai a verdade cada um a seu próximo, pois somos membros uns dos outros.*[25] Isso é possível se cada um reconhecer devidamente tanto os próprios direitos, quanto os próprios deveres para com os demais. A comunidade humana será tal como acabamos de descrevê-la, se os cidadãos, guiados pela justiça, se dedicarem ao respeito dos direitos alheios

25. *Ef* 4,25.

e ao cumprimento dos próprios deveres; se se deixarem conduzir por um amor que sinta as necessidades alheias como próprias, fazendo os outros participantes dos próprios bens; e se todos procurarem para que haja no orbe terrestre uma perfeita comunhão de valores culturais e espirituais. Além do mais, a sociedade humana realiza-se na liberdade digna de cidadãos que, sendo por natureza dotados de razão, assumem a responsabilidade das próprias ações.

É que acima de tudo, veneráveis irmãos e diletos filhos, há de considerar-se a convivência humana como realidade eminentemente espiritual: como intercomunicação de conhecimentos à luz da verdade, exercício de direitos e cumprimento de deveres, incentivo e apelo aos bens morais, gozo comum do belo em todas as suas legítimas expressões, permanente disposição de fundir em tesouro comum o que de melhor cada um possui, desejo de conquista pessoal de valores espirituais. Valores nos quais se vivifica e orienta tudo o que diz respeito à cultura, ao desenvolvimento econômico, às instituições sociais, aos movimentos e regimes políticos, à ordem jurídica e aos demais elementos, através dos quais se articula e se exprime a convivência humana em incessante evolução.

Ordem moral tendo por fundamento objetivo o verdadeiro Deus

A ordem que há de vigorar na sociedade humana é de natureza espiritual. Com efeito, é uma ordem que se funda na verdade, que se realizará segundo a justiça, que se animará e se consumará no amor, que se recomporá sempre na liberdade, mas sempre também em novo equilíbrio cada vez mais humano.

Ora, essa ordem moral — universal, absoluta e imutável nos seus princípios — encontra a sua origem e o seu fundamento no verdadeiro Deus, pessoal e transcendente. Deus, verdade primeira e sumo bem, é o único e o mais profundo manancial, donde possa haurir a sua genuína vitalidade uma sociedade bem constituída, fecunda e conforme à dignidade de pessoas humanas.[26] A isto se refere Santo Tomás de Aquino, quando escreve: *a razão humana tem da lei eterna, que é a mesma razão divina, a prerrogativa de ser a regra da vontade humana, medida da sua bondade... Donde se segue que a bondade da vontade humana depende muito mais da lei eterna que da razão humana.*[27]

---

26. Cf. Pii XII *Nuntius radiophonicus,* datus prid. Nativ. D. N. I. C. anno 1942, *AAS,* XXXV, 1943, p. 14.

27. *Summa Teol.,* I^a-II^{ae}, q. 19, a. 4; cf. a. 9.

Sinais dos tempos

Três fenômenos caracterizam a nossa época.

Primeiro, a gradual ascensão econômica-social das classes trabalhadoras. Partindo da reivindicação de seus direitos, especialmente de natureza econômico-social, avançaram em seguida os trabalhadores às reivindicações políticas e, finalmente, se empenharam na conquista de bens culturais e morais. Hoje, em toda parte, os trabalhadores exigem insistentemente não serem tratados à maneira de meros objetos, sem entendimento nem liberdade, à mercê do arbítrio alheio, mas como pessoas em todos os setores da vida social, tanto no econômico-social como no da política e da cultura.

Em segundo lugar, o fato por demais conhecido do ingresso da mulher na vida pública: mais acentuado talvez em povos de civilização cristã; mais tardio, mas já em escala considerável, em povos de outras tradições e cultura. Torna-se a mulher cada vez mais consciente da própria dignidade humana, não suporta mais ser tratada como objeto ou instrumento, reivindica direitos e deveres convenientes a sua dignidade de pessoa, tanto na vida familiar como na vida social.

Notamos finalmente que, em nossos dias, evoluiu a sociedade humana para um padrão social e político completamente novo. Uma vez que todos os povos já proclamaram ou estão para proclamar a sua independência, acontecerá dentro em breve que já não existirão povos dominadores e povos dominados.

As pessoas de qualquer parte do mundo são hoje cidadãos de um Estado autônomo ou virão a ser. Hoje nenhuma comunidade humana quer estar sujeita ao domínio de outros. Em nosso tempo, estão superadas, portanto seculares opiniões que admitiam classes inferiores de homens e classes superiores, derivadas de situação econômico-social, sexo ou posição política.

Enquanto que universalmente prevalece hoje a opinião de que todos os seres humanos são iguais entre si por dignidade de natureza. As discriminações raciais não encontram nenhuma justificação, pelo menos no plano doutrinal. E isto é de um alcance e importância imensa para a estruturação do convívio humano segundo os princípios que acima recordamos. Pois, quando numa pessoa surge a consciência dos próprios direitos, nela nascerá forçosamente a consciência do dever: no titular de direitos, o dever de reclamar esses direitos, como expressão de sua dignidade; nos demais, o dever de reconhecer e respeitar tais direitos.

E quando as relações de convivência se colocam em termos de direito e dever, os homens abrem-se ao mundo dos valores culturais e espirituais, quais os de verdade, justiça, caridade, liberdade, tornando-se conscientes de pertencerem àquele mundo. Ademais, por esse caminho, são levados a conhecer melhor o verdadeiro Deus, transcendente e pessoal, e a colocar então as relações entre eles e Deus como fundamento de sua vida: da vida que vivem no próprio íntimo e da vida em relação com os outros homens.

2ª PARTE

RELAÇÕES ENTRE OS SERES HUMANOS E OS PODERES PÚBLICOS NO SEIO DAS COMUNIDADES POLÍTICAS

Necessidade da autoridade e sua origem divina

A sociedade humana não estará bem constituída nem será fecunda a não ser que a presida uma autoridade legítima que salvaguarde as instituições e dedique o necessário trabalho e esforço ao bem comum. Esta autoridade vem de Deus, como ensina São Paulo: *Não há poder algum que não provenha de Deus.*[28] A esta sentença do Apóstolo faz eco a explanação de São João Crisóstomo: *Que dizes? Todo governante é constituído por Deus? Não, não afirmo isso. Não trato agora de cada governante em particular, mas do governo como tal. Afirmo ser disposi-*

28. *Rm* 13,1.

ção da sabedoria divina que haja autoridade, que alguns governem e outros obedeçam e que não se deixe tudo ao acaso ou à temeridade humana.[29] Com efeito, Deus criou os homens sociais por natureza e, já que sociedade alguma pode *subsistir sem um chefe que, com o mesmo impulso eficaz, encaminhe todos para o fim comum, conclui-se que a comunidade humana tem necessidade de uma autoridade que a governe. Esta, assim como a sociedade, se origina da natureza, e por isso mesmo, vem de Deus.*[30]

A autoridade não é força incontrolável; é sim faculdade de mandar segundo a sã razão. Sua capacidade de obrigar deriva, portanto, da ordem moral, a qual tem a Deus como princípio e fim. Razão pela qual adverte nosso predecessor, Pio XII, de feliz memória: *A ordem absoluta dos seres e o próprio fim do homem (ser livre, sujeito de deveres e de direitos invioláveis, origem e fim da sociedade humana) comportam também o Estado como comunidade necessária e investida de autoridade, sem a qual não poderia existir nem medrar... Segundo a reta razão e, principalmente segundo a fé cristã, essa ordem de coisas só pode ter seu princípio num Deus pessoal,*

---

29. *In Epist. ad Rom.* c. 13, vv. 1-2, homil. XXIII: PG, 60, 615.

30. Leonis XIII Epist. Encycl. *Immortale Dei, Acta Leonis XIII,* V, 1885, p. 120.

criador de todos. Por isso, a dignidade da autoridade política tem sua origem na participação da autoridade do próprio Deus.[31]

A autoridade que se baseasse exclusiva ou principalmente na ameaça ou no temor de penas ou na promessa e solicitação de recompensa, não levaria eficazmente os seres humanos à realização do bem comum. Se por acaso o conseguisse, isso repugnaria à dignidade de seres dotados de razão e de liberdade. A autoridade é sobretudo uma força moral. Deve, pois, apelar à consciência do cidadão, isto é, ao dever de prontificar-se em contribuir para o bem comum. Sendo, porém, todos os homens iguais em dignidade natural, ninguém pode obrigar a outros interiormente, porque isso é prerrogativa exclusiva de Deus, que perscruta e julga as atitudes íntimas.

A autoridade humana portanto, só poderá obrigar em consciência, quando estiver vinculada à autoridade divina, quando dela participe.[32]

Desta maneira fica resguardada também a dignidade pessoal dos cidadãos. Obediência aos poderes públicos não é sujeição de homem a homem; é sim, no seu verdadeiro significado, homenagem

---

31. Cf. *Nuntius radiophonicus,* datus prid. Nativ. D. N. I. C. anno 1944, *AAS,* XXXVII, 1945. p. 15.

32. Cf. Leonis XIII Epist. Encycl. *Diuturnum illud, Acta Leonis XIII,* II, 1881, p. 274.

prestada a Deus, sábio criador de todas as coisas, o qual dispôs que as relações de convivência se adaptem à ordem por ele estabelecida. Pelo fato de prestarmos a devida reverência a Deus, não nos humilhamos, mas nos elevamos e enobrecemos, porque, *servir a Deus é reinar.*[33]

Já que a autoridade é exigência da ordem moral e provém de Deus, caso legislarem os governantes ou prescreverem algo contra essa ordem e, portanto, contra a vontade de Deus, essas leis e essas prescrições não podem obrigar a consciência dos cidadãos. *É preciso obedecer antes a Deus que aos homens.*[34] Neste caso, a própria autoridade deixa de existir, degenerando em abuso do poder. Eis a doutrina de Santo Tomás de Aquino: *A lei humana tem valor de lei enquanto está de acordo com a reta razão: derivando, portanto, da lei eterna. Se, porém, contradiz à razão, chama-se lei iníqua e, como tal, não tem valor de lei, mas é um ato de violência.*[35]

Pelo fato, porém, de a autoridade provir de Deus, de nenhum modo se conclui que os homens não tenham faculdade de eleger os próprios governantes, de determinar forma de governo, métodos e

33. Cf. *Ibid.,* p. 278; et eiusdem Leonis XIII Epist. Encycl. *Immortale Dei, Acta Leonis XIII,* V. 1885, p. 130.

34. *At* 5,29.

35. *Summa Theol.,* I^a-II^{ae}, 1. 93, a. 3 ad 2um; cf. Pii XII *Nuntius radiophonicus,* datus prid. Nativ. D. N. I. C. anno 1944, *AAS,* XXXVII, 1945, pp. 5-23.

alçada dos poderes públicos. Segue-se daí que a doutrina por nós exposta é compatível com qualquer regime genuinamente democrático.[36]

A atuação do bem comum constitui
a razão de ser dos poderes públicos

Todo cidadão e todos os grupos intermediários devem contribuir para o bem comum. Disto se segue, antes de mais nada, que devem ajustar os próprios interesses às necessidades dos outros, empregando bens e serviços na direção indicada pelos governantes, dentro das normas da justiça e na devida forma e limites de competência. Quer isso dizer que os respectivos atos da autoridade civil não só devem ser formalmente corretos, mas também de conteúdo tal que de fato representem o bem comum, ou a ele possam encaminhar.

Essa realização do bem comum constitui a própria razão de ser dos poderes públicos, os quais devem promovê-lo de tal modo que, ao mesmo tempo, respeitem os seus elementos essenciais e adaptem as suas exigências às atuais condições históricas.[37]

36. Cf. Leonis XIII Epist. Encycl. *Diuturnum illud, Acta Leonis XIII,* II, 1881, pp. 271-272; et Pii XII *Nuntius radiophonicus,* datus prid. Nativ. D. N. I. C. anno 1944, *AAS,* XXXVII, 1945, pp. 5-23.

37. Cf. Pii XII *Nuntius radiophonicus,* datus prid. Nativ. D. N. I. C. anno 1942, *AAS,* XXXV, 1943, p. 13; et Leonis XIII

Aspectos fundamentais do bem comum

Mais ainda, as características étnicas de cada povo devem ser consideradas como elementos do bem comum.[38] Não lhe esgotam, todavia, o conteúdo. Pelo fato de o bem comum ter relação essencial com a natureza humana, não poderá ser concebido na sua integridade, a não ser que, além de considerações sobre a sua natureza íntima e sua realização histórica, sempre se tenha em conta a pessoa humana.[39]

Acresce que, por sua mesma natureza, todos os membros da sociedade devem participar deste bem comum, embora em grau diverso, segundo as funções que cada cidadão desempenha, seus méritos e condições. Devem, pois, os poderes públicos promover o bem comum em vantagem de todos, sem preferência de pessoas ou grupos, como afirma nosso predecessor, de imortal memória, Leão XIII: *De modo nenhum se deve usar para vantagem de um ou de poucos a autoridade civil constituída para o bem*

Epist. Encycl. *Immortale Dei, Acta Leonis XIII,* V, 1885, p. 120.

38. Cf. Pii XII Litt. Encycl. *Summi Pontificatus, AAS,* XXXI, 1939, pp. 412-453.

39. Cf. Pii XI Litt. Encycl. *Mit brennender Sorge, AAS,* XXIX, 1937, p. 159; et Litt. Encycl. *Divini Redemptoris, AAS,* XXIX, 1937, pp. 65-106.

comum de todos.[40] Acontece, no entanto, que, por razões de justiça e eqüidade, devam os poderes públicos ter especial consideração para com membros mais fracos da comunidade, os quais se encontrem em posição de inferioridade para reivindicar os próprios direitos e prover a seus legítimos interesses.[41]

Aqui, julgamos dever chamar a atenção de nossos filhos para o fato de que o bem comum diz respeito ao homem todo, tanto às necessidades do corpo, como às do espírito. Procurem, pois, os poderes públicos promovê-lo de maneira competente e equilibrada, isto é, respeitando a hierarquia dos valores e proporcionando, com os bens materiais, também os que se referem aos valores espirituais.[42]

Concordam estes princípios com a definição que propusemos na nossa Encíclica *Mater et Magistra: O bem comum consiste no conjunto de todas as condições de vida social que consintam e favoreçam o desenvolvimento integral da personalidade humana.*[43]

Ora, a pessoa humana, composta de corpo e alma imortal, não pode saciar plenamente as suas

40. Epist. Encycl. *Immortale Dei, Acta Leonis XIII,* V, 1885, p. 121.

41. Cf. Leonis XIII Litt. Encycl. *Rerum Novarum, Acta Leonis XIII,* XI, 1891, pp. 133-134.

42. Cf. Pii XII Litt. Encycl. *Summi Pontificatus, AAS,* XXXI, 1939, p. 433.

43. *AAS,* LIII, 1961, p. 19.

aspirações nem alcançar a perfeita felicidade no âmbito desta vida mortal. Por isso, cumpre atuar o bem comum em moldes tais que não só não criem obstáculo, mas antes sirvam à salvação eterna da pessoa.[44]

**Funções dos poderes públicos
e direitos e deveres da pessoa**

Acredita-se, hoje, que o bem comum consiste sobretudo no respeito aos direitos e deveres da pessoa humana. Oriente-se, pois, o empenho dos poderes públicos sobretudo no sentido de que esses direitos sejam reconhecidos, respeitados, harmonizados, tutelados e promovidos, tornando-se assim mais fácil o cumprimento dos respectivos deveres. *A função primordial de qualquer poder público é defender os direitos invioláveis da pessoa e tornar mais viável o cumprimento dos seus deveres.*[45]

Por isso mesmo, se a autoridade não reconhecer os direitos da pessoa, ou os violar, não só perde sua própria razão de ser, como também as suas determinações perdem a força de obrigar em consciência.[46]

44. Cf. Pii XI Litt. Encycl. *Quadragesimo Anno, AAS,* XXIII, 1931, p. 215.

45. Cf. Pii XII *Nuntius radiophonicus,* datus in festo Pentecostes, die 1 mensis Iunii anno 1941, *AAS,* XXXIII, 1941, p. 200.

46. Cf. Pii XI Litt. Encycl. *Mit brennender Sorge, AAS,* XXIX, 1937, p. 159; et Litt. Encycl. *Divini Redemptoris, AAS,*

Harmonização e salvaguarda eficaz dos direitos e dos deveres da pessoa

É, pois, função essencial dos poderes públicos harmonizar e disciplinar devidamente os direitos com que os homens se relacionam entre si, de maneira a evitar que os cidadãos, ao reivindicar seus direitos, não prejudiquem os de outrem; ou que alguém, para salvaguardar os próprios direitos, impeça a outros de cumprir os seus deveres. Zelarão enfim os poderes públicos para que os direitos de todos se respeitem eficazmente na sua integridade e se reparem, se vierem a ser lesados.[47]

Dever de promover os direitos da pessoa

Por outro lado, exige o bem comum que os poderes públicos operem positivamente no intuito de criar condições sociais que possibilitem e favoreçam o exercício dos direitos e o cumprimento dos deveres por parte de todos os cidadãos. Atesta a experiência que, em faltando por parte dos poderes públi-

XXIX, 1937, p. 79; et Pii XII *Nuntius radiophonicus,* datus prid. Nativ. D. N. I. C. anno 1942, *AAS,* XXXV, 1943, pp. 9-24.

47. Cf. Pii XI Litt. Encycl. *Divini Redemptoris, AAS,* XXIX, 1937, p. 81; et Pii XII *Nuntius radiophonicus,* datus prid. Nativ. D. N. I. C. anno 1942, *AAS,* XXXV, 1943, 9-24.

cos uma atuação apropriada com respeito à economia, à administração pública, à instrução, sobretudo nos tempos atuais, as desigualdades entre os cidadãos tendem a exasperar-se cada vez mais, os direitos da pessoa tendem a perder todo seu conteúdo e compromete-se, ainda por cima, o cumprimento do dever.

É necessário, pois, que os poderes públicos se empenhem eficazmente para que ao desenvolvimento econômico corresponda o progresso social e que, em proporção da eficiência do sistema produtivo, se desenvolvam os serviços essenciais, como: construção de estradas, transportes, comunicações, água potável, moradia, assistência sanitária, condições idôneas para a vida religiosa e ambiente para o lazer. Também é necessário que se esforcem por proporcionar aos cidadãos todo um sistema de seguros e previdência, a fim de que não lhes falte o necessário para uma vida digna em caso de infortúnio, ou agravamento de responsabilidades familiares. A todos os que forem competentes para o trabalho, seja facultado um emprego correspondente à sua capacidade. A remuneração do trabalho obedeça às normas da justiça e da eqüidade. Nas empresas permita-se aos trabalhadores operar com senso de responsabilidade. Facilite-se a constituição de organismos intermediários, que tornem mais orgânica e fecunda a vida social. Requer-se finalmente que todos possam participar nos bens da cultura de maneira proporcional às suas condições.

Equilíbrio entre as duas formas
de intervenção dos poderes públicos

O bem comum exige, pois, que, com respeito aos direitos da pessoa, os poderes públicos exerçam uma dupla ação: a primeira no sentido de harmonizar e tutelar esses direitos, a outra, a promovê-los. Haja, porém, muito cuidado em equilibrar, da melhor forma possível, essas duas modalidades de ação. Evite-se que, através de preferências concedidas a indivíduos ou grupos, se criem situações de privilégio. Nem se chegue ao absurdo de, ao intentar a autoridade tutelar os direitos da pessoa, chegue a prejudicá-los. *Sempre fique de pé que a intervenção das autoridades públicas em matéria econômica, embora se estenda às estruturas mesmas da comunidade, não deve impedir a liberdade de ação dos particulares, antes deve aumentá-la, contanto que se guardem intactos os direitos fundamentais de cada pessoa humana.*[48]

No mesmo princípio deve inspirar-se a multiforme ação dos poderes públicos no sentido de que os cidadãos possam mais facilmente reivindicar os seus direitos e cumprir os seus deveres, em qualquer setor da vida social.

48. Ioannis XXIII Litt. Encycl. *Mater et Magistra, AAS,* LIII, 1961. p. 415.

Estrutura e funcionamento dos poderes públicos

Não se pode determinar, aliás, uma vez por todas, qual a forma de governo mais competente, quais os meios mais adequados para os poderes públicos desempenharem as suas funções, tanto legislativas, como administrativas ou judiciárias.

Com efeito, não se pode fixar a estrutura e o funcionamento dos poderes públicos sem atender muito às situações históricas das respectivas comunidades políticas, situações que variam no espaço e no tempo. Julgamos, no entanto, ser conforme à natureza humana a constituição da sociedade na base de uma conveniente divisão de poderes, que correspondá às três principais funções da autoridade pública. Efetivamente, em tal sociedade não só as funções dos poderes públicos, mas também as mútuas relações entre cidadãos e funcionários estão definidas em termos jurídicos. Isto sem dúvida constitui um elemento de garantia e clareza em favor dos cidadãos no exercício dos seus direitos e no desempenho das suas obrigações.

Mas, para que essa organização jurídico-política das comunidade humanas surta seu efeito, torna-se indispensável que os poderes públicos se adaptem nas competências, nos métodos e meios de ação à natureza e complexidade dos problemas que deverão enfrentar na presente conjuntura histórica. Comporta isto que, na contínua variação das situações, a atuação do poder legislativo respeite sempre a ordem moral, as normas constitucionais e as exigências do bem comum. O poder executivo aplique as leis com justiça, tratando de conhecê-las bem e de examinar diligentemente as situações concretas. O poder judiciário administre a justiça com imparcialidade humana, sem se deixar dobrar por interesses partidários. Requer-se finalmente que os cidadãos e os organismos intermediários, no exercício dos direitos e no cumprimento dos deveres, gozem de proteção jurídica eficaz, tanto nas suas relações mútuas como nas relações com os funcionários públicos.[49]

Organização jurídica e consciência moral

Não há dúvida de que, numa nação, a organização jurídica, ajustada à ordem moral e ao grau de maturidade da comunidade política, é elemento valiosíssimo de bem comum.

Mas hoje a vida social é tão diversa, complexa e dinâmica que a organização jurídica, embora elaborada com grande competência e larga visão, muitas vezes parecerá inadequada às necessidades.

Além disso, as relações das pessoas entre si, as das pessoas e organismos intermediários com os po-

49. Cf. Pii XII *Nuntius radiophonicus,* datus prid. Nativ. D. N. I. C. anno 1942, *AAS,* XXXV, 1943, p. 21.

deres públicos, como também as relações destes poderes entre si no seio de uma nação, apresentam por vezes situações tão delicadas e nevrálgicas que não se podem enquadrar em termos jurídicos bem definidos. É necessário, pois, que, se as autoridades quiserem permanecer, ao mesmo tempo, fiéis à ordem jurídica existente — considerada em seus elementos e em sua inspiração profunda — e abertas às exigências emergentes da vida social: se quiserem, por outro lado, adaptar as leis à variação das circunstâncias e resolver do melhor modo possível novos problemas que surjam, devem ter idéias claras sobre a natureza e a extensão de suas funções. Devem ser pessoas de grande equilíbrio e retidão moral, dotadas de intuição prática para interpretar com rapidez e objetividade os casos concretos, e de vontade decidida e forte para agir com tempestividade e eficiência.[50]

A participação dos cidadãos na vida pública

É certamente exigência da sua própria dignidade de pessoas poderem os cidadãos tomar parte ativa na vida pública, embora a modalidade dessa participação dependa do grau de maturidade da nação a que pertencem.

---

50. Cf. Pii XII *Nuntius radiophonicus,* datus prid. Nativ. D. N. I. C. anno 1944, *AAS,* XXXVII, 1945, pp. 15-16.

Desta possibilidade de participar na vida pública abrem-se às pessoas novos e vastos campos de ação fecunda. Assim um mais freqüente contato e diálogo entre funcionários e cidadãos proporciona àqueles um conhecimento mais exato das exigências objetivas do bem comum. Além disso, o suceder-se dos titulares nos poderes públicos impede-lhes o envelhecimento e assegura-lhes a renovação, de acordo com a evolução social.[51]

Sinais dos tempos

Na moderna organização jurídica dos Estados emerge, antes de tudo, a tendência de redigir, em fórmula clara e concisa, uma carta dos direitos fundamentais do homem, carta que não raro é integrada nas próprias constituições.

Tende-se, aliás, em cada Estado, à elaboração em termos jurídicos de uma Constituição, na qual se estabeleça o modo de designação dos poderes públicos, e reciprocidade de relações entre os diversos poderes, as suas atribuições, os seus métodos de ação.

Determinam-se, enfim, em termos de direitos e deveres, as relações dos cidadãos com os poderes públicos; e se estabelece como primordial função dos

51. Cf. Pii XII *Nuntius radiophonicus,* datus prid. Nativ. D. N. I. C. anno 1942, *AAS,* XXXV, 1943, p. 12.

que governam a de reconhecer os direitos e deveres dos cidadãos, respeitá-los, harmonizá-los, tutelá-los eficazmente e promovê-los.

Certamente não se pode aceitar a doutrina dos que consideram a vontade humana, quer dos indivíduos, quer dos grupos, primeira e única fonte dos direitos e deveres dos cidadãos, da obrigatoriedade das constituições e da autoridade dos poderes públicos.[52]

Mas as tendências aqui apontadas evidenciam que o homem atual se torna cada vez mais consciente da própria dignidade e que esta consciência o incita a tomar parte ativa na vida pública do Estado e a exigir que os direitos inalienáveis e invioláveis da pessoa sejam reafirmados nas instituições públicas. Mais ainda, exige-se hoje que as autoridades sejam designadas de acordo com normas constitucionais e exerçam as suas funções dentro dos limites da constituição.

52. Cf. Leonis XIII Epist. Apost. *Annum ingressi, Acta Leonis XIII,* XXII, 1902-1903, pp. 52-80.

3ª PARTE

RELAÇÕES DAS COMUNIDADES POLÍTICAS ENTRE SI

Sujeitos de direitos e deveres

Queremos confirmar, com a nossa autoridade, os reiterados ensinamentos dos nossos predecessores sobre a existência de direitos e deveres internacionais; sobre o dever de regular as mútuas relações das comunidades políticas entre si, segundo as normas da verdade, da justiça, da solidariedade operante e da liberdade. A mesma lei natural que rege a vida individual deve também reger as relações entre os Estados.

Isto é evidente, quando se considera que os governantes, agindo em nome da sua comunidade e procurando o bem desta, não podem renunciar à sua dignidade natural e, portanto, de modo algum lhes é lícito eximir-se à lei da própria natureza, que é a lei moral.

De resto, seria absurdo pensar que os homens, pelo fato de serem colocados à frente do governo da nação, possam sentir-se constrangidos a renunciar a sua condição humana. Pelo contrário, chegaram a essa alta função por serem escolhidos dentre os mais notáveis elementos da comunidade, e se distinguirem por suas especiais qualidades humanas.

Mais ainda, a autoridade na sociedade humana é exigência da própria ordem moral. Não pode, portanto, ser usada contra esta ordem sem que se destrua a si mesma, minando o seu próprio fundamento, segundo a admoestação divina: *Ouvi, pois, ó reis, e entendei, aprendei, ó juízes de toda a terra. Prestai atenção, vós que governais os povos, e vos gloriais de terdes debaixo de vós muitas nações. Porque o poder vos foi dado pelo Senhor, e a força pelo Altíssimo, o qual examinará vossas obras, e esquadrinhará vossos pensamentos.*[53]

Por último, é preciso ter em conta que, também em assunto de relações internacionais, a autoridade deve ser exercida para promover o bem comum, pois esta é a sua própria razão de ser.

Elemento fundamental do bem comum é o reconhecimento da ordem moral e a indefectível obervância de seus preceitos. *A reta ordem entre as comunidades políticas deve basear-se sobre a rocha inabalável e imutável da lei moral, manifestada na*

53. *Sb* 6,2-4.

ordem do universo pelo próprio Criador e por ele esculpida no coração do homem com caracteres indeléveis... Qual resplandecente farol deve ela, com os raios de seus princípios, indicar a rota da operosidade dos homens e dos Estados, os quais devem seguir os seus sinais admoestadores, salutares e úteis, se não quiserem abandonar à sanha das procelas e do naufrágio todo o trabalho e esforço para estabelecer uma nova ordem de coisas.[54]

Na verdade

As relações mútuas entre os Estados devem basear-se na verdade. Esta exige que se elimine delas todo e qualquer racismo. Tenha-se como princípio inviolável a igualdade de todos os povos, pela sua dignidade de natureza. Cada povo tem, pois, direito à existência, ao desenvolvimento, à posse dos recursos necessários para realizá-lo e a ser o principal responsável na atuação do mesmo, tendo igualmente direito ao bom nome e à devida estima.

A experiência prova que muitas vezes existem entre os homens consideráveis diferenças de saber, de virtude, de capacidade inventiva e de recursos materiais. Mas estas diferenças jamais justificam o

54. Cf. Pii XII *Nuntius radiophonicus,* datus prid. Nativ. D. N. I. C. anno 1941, *AAS,* XXXIV, 1942, p. 16.

propósito de impor a própria superioridade a outros. Pelo contrário, constituem fonte de maior responsabilidade que compete a todos de contribuir para a elevação comum.

Da mesma maneira, podem as nações diferenciar-se por cultura, civilização e desenvolvimento econômico. Isto, porém, não poderá jamais justificar a tendência a impor injustamente a própria superioridade às demais. Antes, pode ser motivo para sentirem-se mais empenhadas na tarefa do comum desenvolvimento dos povos.

Realmente não pode um homem ser superior a outro por natureza, visto que todos gozam da mesma dignidade natural. Segue-se daí que, sob o aspecto de dignidade natural, não há diferença alguma entre as comunidades políticas, porque cada qual é semelhante a um corpo cujos membros são as próprias pessoas. Aliás, como bem sabemos por experiência, o que mais costuma melindrar um povo, e com toda a razão, é aquilo que, de qualquer maneira, toca à sua própria dignidade.

Exige ainda a verdade que nas múltiplas iniciativas, através da utilização das modernas invenções técnicas, que procuram favorecer maior conhecimento recíproco entre os povos, se adotem rigorosamente critérios de serena objetividade. Isso não exclui que seja legítimo o interesse dos povos a darem a conhecer os lados positivos da sua vida. Deve-se, porém, evitar rigorosamente os métodos de informação que, violando a justiça e a verdade, firam o bom nome de algum povo.[55]

Segundo a justiça

As relações entre os Estados devem, além disso, reger-se pelas normas da justiça. Isto comporta tanto o reconhecimento dos mútuos direitos como o cumprimento dos deveres recíprocos.

Os Estados têm direito à existência, ao desenvolvimento, a disporem dos recursos necessários, e a desempenharem o papel preponderante na sua realização. Os Estados têm igualmente direito ao bom nome e à devida estima. Ao mesmo tempo compete também aos Estados o dever de respeitar eficazmente cada um destes direitos, e evitar todo e qualquer ato que os possa violar. Assim como nas relações individuais não podem as pessoas ir ao encontro dos próprios interesses com prejuízo dos outros, do mesmo modo não pode uma nação, sem incorrer em grave delito, procurar o próprio desenvolvimento tratando injustamente ou oprimindo as outras. Cabe aqui

55. Cf. Pii XII *Nuntius radiophonicus,* datus prid. Nativ. D. N. I. C. anno 1940, *AAS,* XXXIII, 1941, pp. 5-14.

a frase de Santo Agostinho: *Se a justiça for esqueci-da, a que se reduzem os reinos senão a grandes latrocínios?*[56]

Pode acontecer, e de fato acontece, que os interesses dos Estados contrastem entre si. Essas divergências, porém, dirimem-se não com a força das armas nem com a fraude e o engano, mas sim, como convém às pessoas humanas, com a compreensão recíproca, através de serena ponderação dos dados objetivos e serena conciliação.

O tratamento das minorias

Caso peculiar desta situação é o processo político que se veio afirmando em todo o mundo, desde o século XIX, a saber, que pessoas de uma mesma raça aspirem a constituir-se em nação soberana. Entretanto, por diversas causas, nem sempre pode realizar-se este ideal. Assim, dentro de uma nação, vivem não raro minorias de raça diferente e daí surgem graves problemas.

Deve-se declarar abertamente que é grave injustiça qualquer ação que tende a reprimir a energia vital de alguma minoria, e muito mais se tais maquinações procuram exterminá-la.

56. *De civitate Dei,* lib. IV c. 4; PL. 41, 115; cf. Pii XII *Nuntius radiophonicus,* datus prid. Nativ. D. N. I. C. anno 1939, *AAS,* XXXII, 1940, pp. 5-13.

Pelo contrário, corresponde plenamente aos princípios da justiça que os governos procurem promover o desenvolvimento humano das minorias raciais, com medidas eficazes em favor da respectiva língua, cultura, tradições, recursos e empreendimento econômicos.[57]

Deve-se notar, porém, que, seja pela situação difícil a que estão sujeitas, seja por vivências históricas, não raro tendem essas minorias a exagerar os seus valores étnicos, a ponto de colocá-los acima de valores universalmente humanos, como se um valor da humanidade estivesse em função de um valor nacional. Seria, ao invés, razoável que esses cidadãos reconhecessem as vantagens que lhes advêm precisamente desta situação. O contato cotidiano com pessoas de outra cultura pode constituir precioso fator de enriquecimento intelectual e espiritual, através de um continuado processo de assimilação cultural. Isto acontecerá somente se as minorias não se fecharem à população que as rodeia, e participarem dos seus costumes e instituições, em vez de semearem dissensões, que acarretam inumeráveis danos, impedindo o desenvolvimento social das nações.

---

57. Cf. Pii XII *Nuntius radiophonicus,* datus prid. Nativ. D. N. I. C. anno 1941, *AAS,* XXXIV, 1942, pp. 10-21.

Solidariedade dinâmica

Norteadas pela verdade e pela justiça, desenvolvem-se as relações internacionais em uma dinâmica solidariedade através de mil formas de colaboração econômica, social, política, cultural, sanitária, desportiva, qual é o panorama exuberante que nos oferece a época atual. Cumpre ter presente, a este propósito, que o poder público não foi constituído para encerrar os súditos dentro das fronteiras nacionais, mas para tutelar, antes de tudo, o bem comum nacional. Ora, este faz parte integrante do bem comum de toda a família humana.

Daí resulta que, ao procurar os próprios interesses, não só não podem as nações prejudicar-se umas às outras, mas devem mesmo conjugar os próprios esforços, quando a ação isolada não possa conseguir algum determinado intento. No caso, porém, é preciso evitar cuidadosamente que o interesse de um grupo de nações venha a danificar outras, em vez de estender também a estas os seus reflexos positivos.

O bem comum universal exige ademais que as nações fomentem toda espécie de intercâmbio quer entre os respectivos cidadãos, quer entre os respectivos organismos intermediários. Existe sobre a terra um número considerável de grupos étnicos, mais ou menos diferenciados. Não devem, porém, as peculiaridades de um grupo étnico transformar-se em compartimento estanque de seres humanos impossibilitados de relacionar-se com pessoas pertencentes a outros grupos étnicos. Isto estaria, aliás, em flagrante contraste com a tendência da época atual em que praticamente se eliminaram as distâncias entre os povos. Tampouco se deve esquecer que, embora seres humanos de raça diferente apresentem suas peculiaridades, possuem, no entanto, traços essenciais que lhes são comuns. Isso os inclina a encontrar-se no mundo dos valores espirituais, cuja progressiva assimilação abre-lhes ilimitadas perspectivas de aperfeiçoamento. Deve-se-lhes, portanto, reconhecer o direito e o dever de viverem em comunhão uns com os outros.

Equilíbrio entre população, terra e capitais

Todos sabem que, em algumas regiões, subsiste a desproporção entre a extensão de terra cultivável e o número de habitantes; em outras, entre riquezas do solo e capitais disponíveis. Impõe-se, pois, a colaboração dos povos, com o fim de facilitar a circulação de recursos, capitais e mão-de-obra.[58]

Cremos sobremaneira oportuno observar a este respeito que, na medida do possível, seja o capital que procure a mão-de-obra, e não a mão-de-obra, o

58. Cf. Ioannis XXIII Litt. Encycl. *Mater et Magistra, AAS,* LIII, 1961, p. 439.

capital. Assim se permitirá a tantas pessoas melhorar a própria situação, sem ter que abandonar com tamanha saudade a Pátria, a fim de deslocar-se para outras terras, reajustar-se a uma nova situação e criar-se um novo ambiente social.

Problema dos refugiados políticos

O sentimento de universal paternidade que o Senhor acendeu no nosso coração leva-nos a sentir profunda amargura ao contemplar o fenômeno dos refugiados políticos, fenômeno que assumiu, em nossos dias, amplas proporções e que oculta sempre inúmeros e atrozes sofrimentos.

Ele evidencia como os chefes de algumas nações restringem demais os limites de uma justa liberdade que permita aos cidadãos respirar um clima humano. Muito ao contrário, em tais regimes acontece que se ponha em dúvida o próprio direito de liberdade, ou até que seja este inteiramente sufocado. Nessas condições mina-se radicalmente a reta ordem da convivência humana, pois o poder público por sua própria natureza diz respeito à tutela do bem comum, e seu dever principal é o de reconhecer os justos limites da liberdade e salvaguardar os seus direitos.

Não é supérfluo recordar que os refugiados políticos são pessoas e que se lhes devem reconhecer os direitos devidos à pessoa. Tais direitos não desaparecem com o fato de terem eles perdido a cidadania do seu país.

Entre os direitos inerentes à pessoa, figura o de inserir-se na comunidade política, onde espera ser-lhe mais fácil reconstruir um futuro para si e para a própria família. Por conseguinte, compete aos respectivos poderes públicos o dever de acolher esses estranhos e, nos limites consentidos pelo bem da própria comunidade retamente entendido, o de lhes favorecer a integração na nova sociedade em que manifestem o desejo de inserir-se.

Aprovamos, pois, e louvamos publicamente, nesta oportunidade, todas aquelas iniciativas que, sob o impulso da solidariedade fraterna e da caridade cristã, se empenham em lenir a dor de quem se vê constrangido a arrancar-se de seu torrão natal em demanda de outras terras.

Nem podemos eximir-nos de propor à consideração de todos os homens sensatos aquelas instituições internacionais que se preocupam com questão de tamanha gravidade.

Desarmamento

É igualmente doloroso constatar como em Estados economicamente mais desenvolvidos se fabricaram e ainda se fabricam gigantescos armamentos.

Gastam-se nisso somas enormes de recursos materiais e energias espirituais. Impõem-se sacrifícios nada leves aos cidadãos dos respectivos países, enquanto outras nações carecem da ajuda indispensável ao próprio desenvolvimento econômico e social.

Costuma-se justificar essa corrida ao armamento aduzindo o motivo de que, nas circunstâncias atuais, não se assegura a paz senão com o equilíbrio de forças: se uma comunidade política se arma, faz com que também outras comunidades políticas procurem aumentar o próprio armamento. E, se uma comunidade política produz armas atômicas, dá motivo a que outras nações se empenhem em preparar semelhantes armas, com igual poder destrutivo.

O resultado é que os povos vivem em terror permanente, como sob a ameaça de uma tempestade que pode rebentar a cada momento em avassaladora destruição. Já que as armas existem e, se parece difícil que haja pessoas capazes de assumir a responsabilidade das mortes e incomensuráveis destruições que a guerra provocaria, não é impossível que um fato imprevisível e incontrolável possa inesperadamente atear esse incêndio. Além disso, ainda que o imenso poder dos armamentos militares afaste hoje os homens da guerra, entretanto, o fato de não cessarem as experiências levadas a cabo com fins militares, pode colocar em grave perigo boa parte da vida sobre a terra.

Eis por que a justiça, a reta razão e o sentido da dignidade humana terminantemente exigem que se pare com essa corrida ao poderio militar; que o material de guerra, armazenado em várias nações, se vá reduzindo ao mesmo tempo de uma parte e de outra. Que sejam banidas as armas atômicas; e, finalmente, que se chegue a um acordo para a gradual diminuição dos armamentos, na base de garantias mútuas e eficazes. Já Pio XII, nosso predecessor, de feliz memória, admoestou: *a todo custo se deverá evitar que pela terceira vez desabe sobre a humanidade a desgraça de uma guerra mundial, com suas imensas catástrofes econômicas e sociais e com as suas muitas depravações e perturbações morais.*[59]

Todos devem estar convencidos de que nem a renúncia à competição militar, nem a redução dos armamentos, nem a sua completa eliminação, que seria o principal, de modo nenhum se pode levar a efeito tudo isto, se não se proceder a um desarmamento integral, que atinja o próprio espírito; isto é, se não trabalharem todos em concórdia e sinceridade, para afastar o medo e a psicose de uma possível guerra. Mas isso requer que, em vez do critério de equilíbrio em armamentos que hoje mantém a paz, se abrace o princípio segundo o qual a verdadeira

59. Cf. *Nuntius radiophonicus,* datus prid. Nativ. D. N. I. C. anno 1941, *AAS,* XXXIV, 1942, p. 17; et Benedicti XV *Adhortatio ad moderatores populorum belligerantium,* data die 1 mensis Augusti anno 1917, *AAS,* 1917, p. 418.

paz entre os povos não se baseia em tal equilíbrio, mas sim, e exclusivamente, na confiança mútua. Nós pensamos que seja um objetivo possível, por tratar-se de uma causa que não só se impõe pelos princípios da reta razão, mas que é sumamente desejável e rica de preciosos resultados.

Antes de mais, trata-se de um objetivo imposto pela razão. De fato, como todos sabem, ou pelo menos deviam saber, as mútuas relações internacionais, do mesmo modo que as relações entre os indivíduos, devem-se disciplinar não pelo recurso à força das armas, mas sim pela norma da reta razão, isto é, na base da verdade, da justiça e de uma ativa solidariedade.

Em segundo lugar, afirmamos que tal objetivo deve ser muito desejado. Pois quem não almeja ardentemente que se afastem todos os perigos de guerra, se conserve firmemente a paz e todos sejam protegidos sempre com maior segurança?

Finalmente, trata-se de um objetivo que só pode trazer bons frutos, porque as suas vantagens se farão sentir a todos: aos indivíduos, às famílias, aos povos e a toda a comunidade humana. A este respeito ainda e ressoa em nossos ouvidos esta clamorosa admoestação do nosso predecessor, Pio XII: *Nada se perde com a paz; mas a guerra tudo pode destruir.*[60]

60. Cf. *Nuntius radiophonicus,* datus die XXIV mensis Augusti anno 1939, *AAS,* XXXI, 1939, p. 334.

Por isso, nós, que somos na terra o Vigário de Jesus Cristo, Salvador do mundo e autor da paz, interpretando os vivos anseios de toda a família humana, movidos pelo amor paterno para com todos os homens, julgamos dever do nosso ofício pedir encarecidamente a todos, e sobretudo aos chefes das nações, que não poupem esforços, enquanto o curso dos acontecimentos humanos não for conforme à razão e à dignidade do homem.

Que nas assembléias mais qualificadas por prudência e autoridade se investigue a fundo qual a melhor maneira de se chegar a maior harmonia das comunidades políticas no plano mundial; harmonia, repetimos, que se baseia na confiança mútua, na sinceridade dos tratados e na fidelidade aos compromissos assumidos. Examinem de tal maneira todos os aspectos do problema que encontram no nó da questão, a fim de poderem abrir caminho a um entendimento leal, duradouro e fecundo.

De nossa parte, não cessaremos de elevar a Deus a nossa súplica, para que abençoe com suas graças esses trabalhos e os faça frutificar.

Na liberdade

Acrescente-se que as relações mútuas entre as comunidades políticas se devem reger pelo critério da liberdade. Isto quer dizer que nenhuma nação tem o direito de exercer qualquer opressão injusta sobre outras, nem de interferir indevidamente nos seus negócios. Todas, pelo contrário, devem contribuir para desenvolver nas outras o senso de responsabilidade, o espírito de iniciativa, e o empenho em tornar-se protagonistas do próprio desenvolvimento em todos os campos.

Ascensão das comunidades políticas em fase de desenvolvimento econômico

Todos os seres humanos estão vinculados entre si pela comunhão na mesma origem, na mesma redenção por Cristo e no mesmo destino sobrenatural, sendo deste modo chamados a formar uma única família cristã. Por isso na encíclica *Mater et Magistra* exortamos as nações economicamente mais desenvolvidas a auxiliarem, por todos os meios, as outras nações em vias de desenvolvimento econômico.[61]

Podemos constatar agora, com grande satisfação, que o nosso apelo foi largamente acolhido; e esperamos que, no futuro, continue sendo ainda mais amplamente, a fim de que as nações mais pobres alcancem, o mais depressa possível, um grau de desenvolvimento econômico que proporcione a todos os cidadãos um nível de vida mais de acordo com sua dignidade de pessoas.

61. *AAS,* LIII, 1961, pp. 440-441.

Nunca se insistirá demais na necessidade de atuar a referida cooperação de tal maneira que esses povos conservem incólume a própria liberdade e sintam que, nesse desenvolvimento econômico e social, são eles que desempenham o papel preponderante e sobre quem recai a principal responsabilidade.

Já o nosso predecessor, de feliz memória, Pio XII, proclamava que *uma nova ordem baseada nos princípios morais exclui em absoluto que sejam lesadas a liberdade, a integridade e segurança das outras nações, sejam quais forem a sua extensão territorial e capacidade de defesa. Se é inevitável que as grandes nações, dadas as suas maiores possibilidades e superior potência, tracem o roteiro de colaboração econômica com as mais pequenas e fracas, de modo nenhum se pode negar a estas nações menores, em pé de igualdade com as outras, e para o bem comum de todas, o direito à autonomia política e à neutralidade nas contendas entre as nações, de que se podem valer, segundo as leis do direito natural e internacional. Outro direito que possuem estas nações menores é a tutela do seu desenvolvimento econômico. Só desta maneira poderão realizar adequadamente o bem comum, o bem-estar material e espiritual do próprio povo.*[62]

As nações economicamente desenvolvidas que, de qualquer modo, auxiliam as mais pobres, devem

62. Cf. *Nuntius radiophonicus,* datus prid. Nativ. D. N. I. C. anno 1941, *AAS,* XXXIV, 1942, pp. 16-17.

portanto respeitar ao máximo as características de cada povo e as suas antigas tradições sociais, abstendo-se cuidadosamente de qualquer pretensão de domínio. Se assim procederem, *dar-se-á uma contribuição preciosa para a formação de uma comunidade mundial dos povos, na qual todos os membros sejam conscientes dos seus direitos e dos seus deveres e trabalhem em igualdade de condições para a realização do bem comum universal.*[63]

Sinais dos tempos

Difunde-se cada vez mais entre os homens de nosso tempo a persuasão de que as eventuais controvérsias entre os povos devem ser dirimidas com negociações e não com armas.

Bem sabemos que esta persuasão está geralmente relacionada com o terrível poder de destruição das armas modernas e é alimentada pelo temor das calamidades e das ruínas desastrosas que estas armas podem acarretar. Por isso, não é mais possível pensar que nesta nossa era atômica a guerra seja um meio apto para ressarcir direitos violados.

Infelizmente, porém, reina muitas vezes entre os povos a lei do temor, que os induz a despender

63. Ioannis XXIII Litt. Encycl. *Mater et Magistra, AAS,* LIII, 1961, p. 443.

em armamentos fabulosas somas de dinheiro, não com a intenção de agredir, como dizem — e não há motivo para não acreditarmos —, mas para conjurar eventuais perigos de agressão.

Contudo, é lícito esperar que os homens, por meio de encontros e negociações, venham a conhecer melhor os laços comuns da natureza que os unem e assim possam compreender a beleza de uma das mais profundas exigências da natureza humana, a de que reine entre eles e seus respectivos povos não o temor, mas o amor, um amor que antes de tudo leve os homens a uma colaboração leal, multiforme, portadora de inúmeros bens.

4ª PARTE

RELAÇÕES ENTRE OS SERES HUMANOS E AS COMUNIDADES POLÍTICAS COM A COMUNIDADE MUNDIAL

Interdependência entre as comunidades políticas

Os recentes progressos das ciências e das técnicas incidem profundamente na mentalidade humana, solicitando por toda parte as pessoas a progressiva colaboração mútua e a convivência unitária de alcance mundial. Com efeito, intensificou-se enormemente hoje o intercâmbio de idéias, de pessoas e de coisas. Tornaram-se daí muito mais vastas e freqüentes as relações entre cidadãos, famílias e organismos intermédios, pertencentes a diversas comunidades políticas, bem como entre os poderes públicos das mesmas. Cresce, além disso, a interdependência entre as economias nacionais. Estas se entrosam gradualmente umas nas outras, quase como partes integrantes de uma única economia mundial. O progresso social, a ordem, a segurança e a paz em cada comunidade política estão em relação vital com o progresso social, com a ordem, com a segurança e com a paz de todas as demais comunidades políticas.

Deste modo, nenhuma comunidade política se encontra hoje em condições de zelar convenientemente por seus próprios interesses e de suficientemente desenvolver-se, fechando-se em si mesma. Porquanto, o nível de sua prosperidade e de seu desenvolvimento é um reflexo e um componente do nível de prosperidade e desenvolvimento das outras comunidades políticas.

Deficiente da atual organização da autoridade pública em relação ao bem comum universal

A unidade universal do convívio humano é um fato perene. É que o convívio humano tem por membros seres humanos que são todos iguais por dignidade natural. Por conseguinte, é também perene a exigência natural de realização, em grau suficiente, do bem comum universal, isto é, do bem comum de toda a família humana.

Outrora podia pensar-se com razão que os poderes públicos das diferentes comunidades políticas estavam em condições de obter o bem comum universal, quer através das vias diplomáticas normais, quer mediante encontros e conferências de cúpula, com o emprego de instrumentos jurídicos tais como as convenções e tratados, tais instrumentos jurídicos são sugeridos pelo direito natural, pelo direito dos povos e pelo direito internacional.

Hoje, como conseqüência das profundas transformações que se verificaram nas relações da convivência humana, o bem comum universal suscita problemas complexos, muito graves, extremamente urgentes, sobretudo em matéria de segurança e paz mundial. Ao mesmo tempo os poderes públicos de cada comunidade política, postos como estão em pé de igualdade jurídica entre si, mesmo que multipliquem conferências e estimulem a própria capacidade para a elaboração de novos instrumentos jurídicos, não estão mais em condições de enfrentar e resolver adequadamente estes problemas, não por falta de vontade ou de iniciativa, mas pela deficiência estrutural, pela carência de autoridade.

Pode-se, portanto, afirmar que na presente conjuntura histórica não se verifica uma correspondência satisfatória entre a estrutura política dos Estados com o respectivo funcionamento da autoridade pública no plano mundial, e as exigências objetivas do bem comum universal.

Relação entre o conteúdo histórico do bem comum e a configuração e funcionamento dos poderes públicos

Existe evidentemente uma relação intrínseca entre o conteúdo histórico do bem comum e a configuração e funcionamento dos poderes públicos. Porquanto, assim como a ordem moral requer uma autoridade pública para a obtenção do bem comum na convivência humana, postula também, conseqüentemente, que esta autoridade seja capaz de conseguir o fim proposto. Isto exige que os órgãos em que a autoridade se encarna, opera e busca o seu fim, sejam estruturados e atuem de tal modo que possam adequadamente traduzir em realidade os novos conteúdos que o bem comum venha assumindo na evolução histórica.

O bem comum universal levanta hoje problemas de dimensão mundial que não podem ser enfrentados e resolvidos adequadamente senão por poderes públicos que possuam autoridade, estruturas e meios de idênticas proporções, isto é, de poderes públicos que estejam em condições de agir de modo eficiente no plano mundial. Portanto, é a própria ordem moral que exige a instituição de alguma autoridade pública universal.

Poderes públicos instituídos
de comum acordo e não impostos pela força

Esses poderes públicos dotados de autoridade no plano mundial e de meios competentes para alcançar com eficácia os objetivos que constituem os conteúdos concretos do bem comum universal, devem ser instituídos de comum acordo entre todos os povos e não com a imposição da força. É que tais poderes devem estar em condições de operar eficazmente e, portanto, a atuação deles deve inspirar-se na equitativa e afetiva imparcialidade, tendente à concretização das exigências objetivas do bem comum universal. De contrário dever-se-ia temer que poderes públicos supranacionais ou mundiais, impostos à força pelas comunidades políticas mais poderosas, se tornassem instrumentos de interesses particulares. Mesmo que isso não aconteça, seria muito difícil evitar, nesta hipótese, qualquer suspeita de parcialidade, o que comprometeria a eficácia de sua ação. Embora muito se diferenciem as nações pelo grau de desenvolvimento econômico e pelo poderio militar, são todavia muito ciosas em resguardar a igualdade jurídica e a própria dignidade moral. Por este motivo, com razão, não se dobram a uma autoridade que lhes é imposta à força ou para cuja instituição não contribuíram ou a que não aderiram espontaneamente.

O bem comum universal
e os direitos da pessoa humana

Como o bem comum de cada comunidade política, assim também o bem comum universal não pode ser determinado senão tendo em conta a pessoa humana. Por isso, com maior razão, devem os poderes públicos da comunidade mundial considerar objetivo fundamental o reconhecimento, o respeito, a tutela e a promoção dos direitos da pessoa humana, com ação direta, quando for o caso, ou criando, no plano mundial, condições em que se torne mais viável aos poderes públicos de cada comunidade política exercer as próprias funções específicas.

Princípio de subsidiariedade

Como as relações entre os indivíduos, famílias, organizações intermédias e os poderes públicos das respectivas comunidades políticas devem estar reguladas e moderadas, no plano nacional, segundo o princípio de subsidiariedade, assim também, à luz do mesmo princípio, devem disciplinar-se as relações dos poderes públicos de cada comunidade política com os poderes públicos da comunidade mundial. Isto significa que os problemas de conteúdo econômico, social, político ou cultural, a serem enfrentados e resolvidos pelos poderes públicos da comunidade mundial, serão da competência do bem comum universal, isto é, serão problemas que por sua amplidão, complexidade e urgência os poderes públicos de cada comunidade política não estejam em condições de afrontar com esperança de solução positiva.

Os poderes públicos da comunidade mundial não têm como fim limitar a esfera de ação dos poderes públicos de cada comunidade política e nem sequer de substituir-se a eles. Devem, ao contrário, procurar contribuir para a criação, em plano mundial, de um ambiente em que tanto os poderes públicos de cada comunidade política, como os respectivos cidadãos e grupos intermédios, com maior segurança, possam desempenhar as próprias funções, cumprir seus deveres e fazer valer seus direitos.[64]

Sinais dos tempos

Como todos sabem, aos 26 de junho de 1945, foi constituída a Organização das Nações Unidas (ONU). A ela juntaram-se depois organizações de âmbito especializado, compostas de membros nomeados pela autoridade pública das diversas nações. A estas instituições estão confiadas atribuições interna-

64. Cf. Pii XII *Allocutio* ad iuvenes ab Actione Catholica ex Italiae diocesibus Romae coadunatos, habita die 12 mensis septembris anno 1948, *AAS,* XL, p. 412.

cionais de grande importância no campo econômico, social, cultural, educacional e sanitário. As Nações Unidas propuseram-se como fim primordial manter e consolidar a paz entre os povos, desenvolvendo entre eles relações amistosas, fundadas nos princípios de igualdade, de respeito mútuo, de cooperação multiforme em todos os setores da atividade humana.

Um ato de altíssima relevância efetuado pelas Nações Unidas foi a *Declaração Universal dos Direitos do Homem*, aprovada em Assembléia Geral, aos 10 de dezembro de 1948. No preâmbulo desta Declaração proclama-se, como ideal a ser demandado por todos os povos e por todas as Nações, o efetivo reconhecimento e salvaguarda daqueles direitos e das respectivas liberdades.

Contra alguns pontos particulares da Declaração foram feitas objeções e reservas fundadas. Não há dúvida, porém, que o documento assinala um passo importante no caminho para a organização jurídico-política da comunidade mundial. De fato, na forma mais solene, nele se reconhece a dignidade de pessoa a todos os seres humanos; proclama-se como direito fundamental da pessoa o de agir livremente na procura da verdade, na realização do bem moral e da justiça, o direito a uma vida digna, e defendem-se outros direitos conexos com estes.

Fazemos, pois, ardentes votos que a Organização das Nações Unidas — nas suas estruturas e meios — se conforme cada vez mais à vastidão e nobreza de suas finalidades, e chegue o dia em que cada ser humano encontre nela uma proteção eficaz dos direitos que promanam imediatamente de sua dignidade de pessoa e que são, por isso mesmo, direitos universais, invioláveis, inalienáveis. Tanto mais que hoje, participando as pessoas cada vez mais ativamente na vida pública das próprias comunidades políticas, denotam um interesse crescente pelas vicissitudes de todos os povos e maior consciência de serem membros vivos de uma comunidade mundial.

5ª PARTE

DIRETRIZES PASTORAIS

Dever de participação à vida pública

Ainda uma vez exortamos nossos filhos ao dever de participarem ativamente da vida pública e de contribuírem para que se atinja o bem comum de todo o gênero humano e da própria comunidade política; e de se esforçarem portanto, à luz da fé cristã e com a força do amor, para que as instituições de finalidade econômica, social, cultural e política sejam tais que não criem obstáculos, mas antes facilitem às pessoas o próprio aperfeiçoamento, tanto na vida natural como na sobrenatural.

Competência científica, capacidade técnica, perícia profissional

Para que, numa civilização, se desenvolvam retas normas e princípios cristãos, não basta gozar da luz da fé e arder no desejo do bem. É necessário para tanto inserir-se nas suas instituições e trabalhá-las eficientemente por dentro.

A cultura atual distingue-se sobretudo por sua índole científica e técnica. Assim ninguém pode penetrar nas suas instituições se não for cientificamente competente, tecnicamente capaz, profissionalmente perito.

A ação, como síntese dos elementos científicos-técnicos-profissionais e dos valores espirituais

Entretanto, não se julgue que a competência científica, a capacidade técnica e a experiência profissional bastam para tornar as relações de convivência genuinamente humanas, isto é, fundadas na verdade, comedidas na justiça, corroboradas no mútuo amor, realizadas na liberdade.

Para tanto requer-se, sim, que as pessoas desempenhem as suas atividades de cunho temporal obedecendo às leis imanentes a essas atividades e seguindo métodos correspondentes à sua natureza. Mas requer-se, ao mesmo tempo, que desempenhem essas atividades no âmbito da ordem moral, como exercício de um direito e cumprimento de um dever, como resposta positiva a um mandamento de Deus, colaboração à sua ação salvífica, e contribuição pessoal à realização de seus desígnios providenciais na história. Numa palavra, requer-se que as pessoas vivam, no próprio íntimo, o seu agir de cunho temporal como uma síntese dos elementos científico-técnico-profissionais e dos valores espirituais.

Harmonização nos cristãos
entre a fé religiosa e a atividade temporal

Nos países de tradição cristã florescem hoje, com o progresso técnico-científico, as instituições de ordem temporal e revelam-se altamente eficientes na consecução dos respectivos fins. Entretanto, carecem não raro de fermentação e inspiração cristã.

Por outro lado, na criação dessas instituições contribuíram não pouco e continuam a contribuir pessoas que têm o nome de cristãos, que, pelo menos em parte, ajustam a sua vida às normas evangélicas. Como se explica tal fenômeno? Cremos que a explicação está na ruptura entre a fé e a atividade temporal. É, portanto, necessário que se restaure neles a unidade interior, e que em sua atividade humana domine a luz orientadora da fé e a força vivificante do amor.

**Desenvolvimento integral
dos seres humanos em formação**

Julgamos também que nos cristãos a ruptura entre fé religiosa e ação temporal resulta, pelo menos em parte, da falta de uma sólida formação cristã. Acontece de fato, repetidas vezes, em muitos ambientes que não haja proporção entre a instrução científica e a instrução religiosa: a científica estende-se até aos graus superiores do ensino, enquanto a religiosa permanece em grau elementar. Torna-se indispensável, pois, que a educação da mocidade seja integral e ininterrupta, que o conhecimento da religião e a formação do critério moral progridam gradualmente com a assimilação contínua e cada vez mais rica de elementos técnico-científicos. É ainda indispensável que se proporcione aos jovens adequada iniciação no desempenho concreto da própria atividade profissional.[65]

Constante aplicação

Será oportuno lembrar como é difícil captar com suficiente objetividade a correspondência entre as situações concretas e as exigências da justiça, indicando claramente os graus e formas segundo os

65. Cf. Ioannis XXIII Litt. Encycl. *Mater et Magistra, AAS,* LIII, 1961, p. 454.

quais os princípios e as diretrizes doutrinais devem traduzir-se na presente realidade social.

Essa identificação de graus e formas torna-se mais difícil nesta nossa época, caracterizada por acentuado dinamismo, época, aliás, que de cada um reclama uma parcela de contribuição para o bem comum universal. Daí, o não ser jamais definitiva a solução do problema da adaptação da realidade social às exigências objetivas da justiça. Os nossos filhos devem, pois, prestar atenção em não permanecer na satisfação de resultados já obtidos.

Para todos os seres humanos constitui quase um dever pensar que o que já se tiver realizado é sempre pouco, em comparação do que resta por fazer, a fim de reajustar os organismos produtivos, as associações sindicais, as organizações profissionais, os sistemas previdenciais, as instituições jurídicas, os regimes políticos, as organizações culturais, sanitárias, desportivas etc., às dimensões próprias da era do átomo e das conquistas espaciais: era, na qual já entrou a humanidade, encetando esta sua nova jornada com perspectivas de infinda amplidão.

Relações dos católicos com os não-católicos no campo econômico-social-político

As linhas doutrinais aqui traçadas brotam da própria natureza das coisas e, o mais das vezes, pertencem à esfera do direito natural. A aplicação delas oferece, por conseguinte, aos católicos vasto campo de colaboração tanto com cristãos separados desta Sé Apostólica, como com pessoas sem nenhuma fé cristã, nas quais, no entanto, está presente a luz da razão e operante a honradez natural. *Em tais circunstâncias, procedam com atenção os católicos, de modo a serem coerentes consigo mesmos e não descerem a compromissos em matéria de religião e de moral. Mas, ao mesmo tempo, mostrem espírito de compreensão, desinteresse e disposição a colaborar lealmente na consecução de objetivos bons por natureza, ou que, pelo menos, se possam encaminhar para o bem.*[66]

Não se deverá jamais confundir o erro com a pessoa que erra, embora se trate de erro ou inadequado conhecimento em matéria religiosa ou moral. A pessoa que erra não deixa de ser uma pessoa, nem perde nunca a dignidade do ser humano, e portanto sempre merece estima. Ademais, nunca se extingue na pessoa humana a capacidade natural de abandonar o erro e abrir-se ao conhecimento da verdade. Nem lhe faltam nunca neste intuito os auxílios da Divina Providência. Quem, em certo momento de sua vida, se encontre privado da luz da fé ou tenha aderido a opiniões errôneas, pode, depois de iluminado pela divina luz, abraçar a verdade. Os encon-

66. *Ibid.*, p. 456.

tros em vários setores de ordem temporal entre católicos e pessoas que não têm fé em Cristo ou a têm de forma errada, podem ser para estes ocasião ou estímulo para chegarem à verdade.

Além disso, cumpre não identificar falsas idéias filosóficas sobre a natureza, a origem e o fim do universo e do homem com movimentos históricos de finalidade econômica, social, cultural ou política, embora tais movimentos encontrem nessas idéias filosóficas a sua origem e inspiração. A doutrina, uma vez formulada, é aquilo que é, mas um movimento, mergulhado como está em situações históricas em contínuo devir, não pode deixar de lhes sofrer o influxo e, portanto, é suscetível de alterações profundas. De resto, quem ousará negar que nesses movimentos, na medida em que concordam com as normas de reta razão e interpretam as justas aspirações humanas, não possa haver elementos positivos dignos de aprovação?

Pode, por conseguinte, acontecer que encontros de ordem prática, considerados até agora inúteis para ambos os lados, sejam hoje ou possam vir a ser amanhã, verdadeiramente frutuosos. Decidir se já chegou tal momento ou não, e estabelecer em que modos e graus se hão de conjugar esforços na demanda de objetivos econômicos, sociais, culturais, políticos, que se revelem desejáveis e úteis para o bem comum, são problemas que só pode resolver a virtude da prudência, moderadora de todas as virtudes que regem a vida individual e social. No que se refere aos católicos, compete tal decisão, em primeiro lugar, aos que revestem cargos de responsabilidade nos setores específicos da convivência em que tais problemas ocorrem, sempre, contudo, de acordo com os princípios do direito natural, com a doutrina social da Igreja e as diretrizes da autoridade eclesiástica. Pois ninguém deve esquecer que compete à Igreja o direito e o dever não só de salvaguardar os princípios de ordem ética e religiosa, mas ainda de intervir com autoridade junto de seus filhos na esfera da ordem temporal, quando se trata de julgar da aplicação desses princípios aos casos concretos.[67]

Progresso gradual

Existem pessoas dotadas de particular generosidade que, ao enfrentar situações pouco ou nada conformes com as exigências da justiça, sentem grande desejo de tudo renovar, deixando-se arrebatar por ímpeto tal, que até parecem se orientar para uma espécie de revolução.

67. *Ibid.,* p. 456; cf. Leonis XIII Epist. Encycl. *Immortale Dei, Acta Leonis XIII,* V, 1885, p. 128; Pii XI Litt. Encycl. *Ubi Arcano, AAS,* XIV, 1922, p. 698; et Pii XII *Allocutio ad Delegatas Unionis Internationalis Sodalitatum mulierum catholicarum ob communem Conventum Romae coadunatas, habita die 11 mensis Septembris anno 1947, AAS,* XXXIX, 1947, p. 486.

Lembrem-se, porém, de que, por necessidade vital, tudo cresce gradualmente. Também nas instituições humanas nada se pode renovar, senão agindo de dentro, passo a passo. Já nosso predecessor, de feliz memória, Pio XII, o proclamava com estas palavras: *Não é na revolução que reside a salvação e a justiça, mas sim na evolução bem orientada. A violência só e sempre destrói, nada constrói; só excita paixões, nunca as aplaca; só acumula ódio e ruínas e não a fraternidade e a reconciliação. A revolução sempre precipitou homens e partidos na dura necessidade de terem que reconstruir lentamente, após dolorosos transes, por sobre os escombros da discórdia.*[68]

Imensa tarefa

A todos os homens de boa vontade incumbe a imensa tarefa de restaurar as relações de convivência humana na base da verdade, justiça, amor e liberdade: as relações das pessoas entre si, as relações das pessoas com as suas respectivas comunidades políticas, e as dessas comunidades entre si, bem como o relacionamento de pessoas, famílias, organismos intermédios e comunidades políticas com a comunida-

68. Cf. *Allocutio* ad opifices ex Italiae diocesibus Romae coadunatos, habita in festo Pentecostes, die 13 mensis Iunii anno 1943, *AAS*, XXXV, 1943, p. 175.

de mundial. Tarefa nobilíssima, como a de realizar verdadeira paz, segundo a ordem estabelecida por Deus.

Bem poucos são na verdade, em comparação com a urgência da tarefa, os beneméritos que se consagram a esta restauração da vida social conforme os critérios aqui apontados. A eles chegue o nosso público apreço, o nosso férvido convite a perseverarem em sua obra com renovado ardor. Conforta-nos ao mesmo tempo a esperança de que a eles se aliem muitos outros, especialmente dentre os cristãos. É um imperativo do dever, é uma exigência do amor. Cada cristão deve ser na sociedade humana uma centelha de luz, no foco de amor, um fermento para toda a massa. Tanto mais o será, quanto mais em sua intimidade viver unido com Deus.

Em última análise, só haverá paz na sociedade humana, se houver em cada um dos membros, se em cada um se instaurar a ordem querida por Deus. Assim interroga Santo Agostinho ao homem: *Deseja tua alma vencer tuas paixões? Submeta-te a quem está no alto e vencerá o que está em baixo. E haverá paz em ti, paz verdadeira, segura, ordenadíssima. Qual é a ordem dessa paz? Deus comandando a alma, a alma comandando o corpo. Nada mais ordenado.*[69]

69. *Miscellanea Augustiniana...* S. Augustini *Sermones post Maurinos reperti,* Roma, 1939, p. 633.

O Príncipe da paz

Estas nossas palavras sobre questões que tanto preocupam atualmente a família humana e cuja solução condiciona o progresso da sociedade, foram-nos inspiradas pelo profundo anseio que sabemos ser comum a todos os homens de boa vontade: a consolidação da paz na terra.

Como representante — ainda que indigno — daquele que o anúncio profético chamou o *Príncipe da Paz*,[70] julgamos nosso dever consagrar os nossos pensamentos, preocupações e energias à consolidação deste bem comum. Mas a paz permanece palavra vazia de sentido, se não se funda na ordem que, com confiante esperança, esboçamos nesta nossa Carta Encíclica: ordem fundada na verdade, construída segundo a justiça, alimentada e consumada na caridade, realizada sob os auspícios da liberdade.

Este intento é tão nobre e elevado, que homem algum, embora louvavelmente animado de toda boa vontade, o poderá levar a efeito só com as próprias forças. Para que a sociedade humana seja espelho o mais fiel possível do Reino de Deus, é grandemente necessário o auxílio do alto.

É natural, pois, que nestes dias sagrados, elevemos suplicante prece a quem com sua dolorosa Paixão e Morte venceu o pecado, fator de dissen-

70. Cf. *Is* 9,6.

sões, misérias e desequilíbrios; e com seu sangue reconciliou a humanidade com o Pai celeste, trazendo à terra os dons da paz: *Porque ele é a nossa paz, ele que de dois não fez senão um povo... Veio para anunciar a paz a vós, que estáveis longe, e a paz também aos que estavam perto.*[71]

Nos ritos litúrgicos destes dias ressoa a mesma mensagem: *Nosso Senhor Jesus Cristo ressurgido, de pé no meio dos seus discípulos, disse: A paz esteja convosco, aleluia! Alegraram-se os discípulos, vendo o Senhor.*[72] Cristo nos trouxe a paz, Cristo deixou-nos a paz: *Deixo-vos a paz, dou-vos a minha paz; não vo-la dou como a dá o mundo.*[73]

Peçamos esta paz com ardentes preces ao Redentor divino que no-la trouxe. Afaste ele dos corações dos homens tudo o que pode pôr em perigo a paz e os transforme a todos em testemunhas da verdade, da justiça e do amor fraterno. Ilumine com sua luz a mente dos responsáveis dos povos, para que, junto com o justo bem-estar dos próprios concidadãos, lhes garantam o belíssimo dom da paz. Inflame Cristo a vontade de todos os seres humanos para abaterem barreiras que dividem, para reforçarem os vínculos da caridade mútua, para compreenderem os outros, para perdoarem aos que lhes tiverem feito

71. *Ef* 2,14-17.
72. Resp. ad Mat., in feria VI infra oct. Paschae.
73. *Jo* 14,27.

injúrias. Sob a inspiração da sua graça, tornem-se todos os povos irmãos e floresça neles e reine para sempre essa tão suspirada paz.

Em penhor desta paz e fazendo votos, veneráveis irmãos, para que ela se irradie nas Comunidades cristãs que vos estão confiadas e sirva de auxílio e defesa especialmente dos mais humildes e necessitados, concedemos, de coração, a Bênção Apostólica a vós, aos sacerdotes seculares e regulares, aos religiosos e religiosas e aos fiéis das vossas Dioceses, particularmente àqueles que se esforçarão em colocar em prática estas nossas exortações. Enfim, para todos os homens de boa vontade, a quem também se destina esta nossa Encíclica, imploramos de Deus Altíssimo saúde e prosperidade.

Dado em Roma, junto de São Pedro, na Solenidade da Ceia de Nosso Senhor, aos 11 de abril do ano de 1963, quinto do nosso pontificado.

João PP. XXIII

ÍNDICE

Introdução 5

1ª Parte
Ordem entre os seres humanos 9

2ª Parte
Relações entre os seres humanos
e os poderes públicos no seio
das comunidades políticas 27

3ª Parte
Relações das comunidades políticas entre si 43

4ª Parte
Relações entre os seres humanos
e as comunidades políticas
com a comunidade mundial 63

5ª Parte
Diretrizes pastorais 73

Rua Dona Inácia Uchoa, 62
04110-020 – São Paulo – SP (Brasil)
Tel.: (11) 2125-3500
http://www.paulinas.com.br – editora@paulinas.com.br
Telemarketing e SAC: 0800-7010081